FRIEDRICH KÜBLER

Rechtsfähigkeit und Verbandsverfassung

SCHRIFTENREIHE
DER JURISTISCHEN GESELLSCHAFT e.V.
BERLIN

Heft 41

1971

DE GRUYTER · BERLIN · NEW YORK

Rechtsfähigkeit und Verbandsverfassung

Überlegungen zur Problematik der als nichtrechtsfähige Vereine organisierten Gewerkschaften

Von

Prof. Dr. Friedrich Kübler

1971

DE GRUYTER · BERLIN · NEW YORK

ISBN 3 11 00 38 34 X

Satz und Druck: Saladruck, 1 Berlin 36

I.

Die Privatrechtswissenschaft befindet sich in einem Zustand der dem mit ihr befaßten Juristen wenig Grund zur Selbstzufriedenheit geben darf. Wer Dramatisierung nicht scheut, mag von Krise reden; aber auch eine nüchterne und distanzierte Bilanz wird zugeben müssen, daß die letzten Jahre Zweifel geweckt und genährt haben, die sich schon an den Elementen des Begriffs explizieren lassen: Was „privat" bedeutet, was „Recht" ist, und in welcher Weise „Privatrecht" Gegenstand einer eigenen Wissenschaft sein kann, ist zusehends fragwürdig geworden.

1. Daß die Kategorien des „Öffentlichen" und des „Privaten" die ihnen zugewiesenen Aufgaben der Unterscheidung und Trennung immer weniger zu erfüllen vermögen, ist inzwischen häufig festgestellt worden[1]. Arbeits- und Wirtschaftsrecht haben nicht nur das klassische System gesprengt, sondern zugleich seine maßgeblichen Kriterien in Frage gestellt. Ob eine wirtschafts- oder sozialpolitische Regelung überwiegend individuellen oder allgemeinen Interessen gilt, läßt sich angesichts ihrer vielfältigen Auswirkungen und der meist widersprüchlichen Motive ihrer (meist zahlreichen) Urheber oft nicht mehr beantworten. Auf die Verhandlungen eines Großunternehmens mit einer ländlichen Gemeinde über die im Falle seiner Niederlassung zu entrichtende Gewerbesteuer paßt der Ausdruck der Unterordnung ebensowenig wie der der Gleichordnung auf den Abschluß eines Girovertrages zwischen einer Hausfrau und der Deutschen Bank. Schon daran wird deutlich, daß sich die tendenzielle Auflösung der überlieferten Dichotomie von privatem und öffentlichem Recht nicht auf die „nichtklassifizierbaren" Rechtsgebiete beschränkt, die im Zuge fotschreitender Industrialisierung entstanden sind, sondern vor den „klassischen" Bereichen des bürgerlichen Rechts nicht halt macht. Sein angeblich „unpolitischer" Charakter wird durch ein sich ständig änderndes Mietrecht,

---

[1] *Habermas*, Strukturwandel der Öffentlichkeit (2. Aufl. 1965) S. 165 ff.; L. *Raiser*, Grundgesetz und Privatrechtsordnung, 46. DJT (1966) Bd. II S. B 5 ff.; *Wieacker*, Privatrechtsgeschichte der Neuzeit (2. Aufl. 1967) S. 553 ff.; *Bullinger*, Öffentliches Recht und Privatrecht (1968), insbes. S. 75 ff.

durch Kontrahierungszwang, richterliche Kontrolle allgemeiner Geschäftsbedingungen und richterliche Vertragsgestaltung via Geschäftsgrundlage permanent in Frage gestellt. Das Bundesverfassungsgericht entscheidet bürgerliche Rechtsstreitigkeiten[2]. Unterhalt im Familienrecht[3] oder Schadensersatz nach einem Unfall[4] lassen sich nicht länger als bloßer Interessenausgleich zwischen den sich streitenden Parteien, sondern nur noch als Teile umfassender und zahlreichen Zwecken dienender Verteilungsmechanismen und Versorgungssysteme verstehen. Auch an solchen Beispielen zeigt sich, wie weit die Osmose zwischen einer angeblichen „Privatrechtsgesellschaft"[5] und einem alles Politische für sich beanspruchenden Staat fortgeschritten ist, deren strikte Trennung im 18. und 19. Jahrhundert dem Gegensatz von privatem und öffentlichem Recht seine eigentliche Plausibilität verliehen hatte.

2. Kaum weniger evident ist, in welchem Maße der Begriff des Rechts seine Eindeutigkeit verloren hat. Noch vor wenigen Jahrzehnten konnte er — zumal in den zivilistischen Kernbereichen — als in doppelter Weise gesichert und fraglos gelten. Inhaltlich waren die bestehenden Regelungen legitimiert durch den Konsens der Fachgenossen, der sich als das Ergebnis einer jahrhundertelangen Diskussion darstellte, in deren Verlauf die im römischen Recht offenbarte ratio scripta durch den Humanismus, die Aufklärung und die Pandektistik in immer neuen Anläufen geläutert und zugleich sich wandelnden gesellschaftlichen Ordnungen angepaßt worden war[6]. Die so begründete Überzeugung erhielt durch die Kodifikationsbewegung ein zusätzliches Fundament: Recht war nunmehr formal richtig als die im ordentlichen Gesetzgebungsverfahren sanktionierte und in ein umfassendes Gesetzbuch eingegliederte Norm. Von derartigen Gewißheiten ist wenig geblieben. Nicht nur die vielseitig ineinander verflochtenen Prozesse der Industrialisierung, der Bevölkerungszunahme und der Konsumsteigerung, sondern

[2] BVerfGE 7, 198 ff. (Lüth); 25, 256 ff. (Blinkfüer)

[3] Vgl. etwa D. *Schwab*, FamRZ 1970, 1 ff.

[4] Dazu grundlegend *Weyers*, Unfallschäden. Praxis und Ziele von Haftpflicht- und Vorsorgesystemen (1971).

[5] wie sie etwa von einem „rechtstheoretischen Strukturmodell des Privatrechts" impliziert wird; vgl. *Larenz*, Allg. Teil des deutschen bürgerl. Rechts (1967) S. 56 ff.

[6] Dazu *Wieacker* a. a. O. passim

gerade auch ihre Ungleichmäßigkeit erzeugen eine rasch wachsende Zahl von sozialen Konflikten, deren definitive Schlichtung oder auch nur vorläufige Eindämmung die fortwährende Anpassung bestehenden und ebenso permanente Schaffung neuen Rechts verlangt. Darin offenbart sich immer deutlicher der funktionale und instrumentale Charakter des Rechts: je nach Lage des Falles und Standort des Beobachters erscheinen legislatorische Maßnahmen als sachlich gebotene Sozialgestaltung oder als zielbewußte Machtausübung zum Zwecke der Stabilisierung bestehender Herrschaftsverhältnisse. Hinzu kommt, daß dieses Normierungsbedürfnis den komplizierten politischen Apparat, den wir als „den Gesetzgeber" zu apostrophieren pflegen, längst überfordert[7]. Deshalb wird ein vielfach vom Gebäude zur bloßen Fassade verkümmertes Gesetzesrecht in wachsendem und zumindest an einigen Stellen beunruhigendem Maße durch außerparlamentarische Rechtsbildungsprozesse überwuchert, vor deren überraschender Vielfalt die klassische Rechtsquellenlehre längst kapituliert hat. Am wichtigsten erscheint eine judizielle Normerzeugung, die meist mit dem zurückhaltenden Ausdruck der „richterlichen Rechtsfortbildung" belegt wird, obwohl sie längst die Bezeichnung „richterliche Sozialgestaltung" verdient. Rechtspolitik ist nicht länger ein Monopol der Parlamente; sie ist zum Gegenstand von Rechtspraxis geworden.

3. Darüber hat sich schließlich Rechts w i s s e n s c h a f t als fragwürdig erwiesen. Geisteswissenschaftlich konzipierte Methodenlehren, die sich mit dem philologischen Instrumentarium der Textanalyse und -auslegung identifizieren und das sich immer üppiger entfaltende case law zur Frage der „Lückenausfüllung" verharmlosen[8], haben ihre Glaubwürdigkeit eingebüßt, seit uns einsichtig geworden ist, in welchem Maße etwa die kodifizierte Privatrechtsordnung ohne formale Rechtsänderung den Wünschen und Vorstellungen der nationalsozialistischen Machthaber angepaßt werden konnte[9]. Wenn das sich rasch ausbreitende Richterrecht nicht grundsätzlich illegitim ist — und das wagt

---

[7] Nachweise JZ 1969, 646 ff.

[8] dazu treffend *Esser*, Vorverständnis und Methodenwahl in der Rechtsfindung, 1970, S. 174 ff.

[9] Diese Einsicht ist vor allem der Monographie von *Rüthers*, Die unbegrenzte Auslegung, 1968, zu verdanken.

heute kaum noch jemand zu behaupten[10] —, müssen in einer zunehmenden Zahl von Fällen vor allem zwei Fragen beantwortet werden. Zunächst geht es um die Kompetenzverteilung zwischen Gesetzgeber und Richter; sie verlangt differenzierende Einsichten in das verwickelte Zuständigkeitsgefüge unserer politischen Ordnung. Dann sind die Kriterien darzulegen und zu begründen, nach denen die konkrete Sachentscheidung getroffen wird. Beide Fragen verweisen den Juristen an andere Disziplinen, die sie längst von ihren Problemen her aufgeworfen haben. In der sich langsam entfaltenden Diskussion mit Politikwissenschaft und Soziologie wandelt sich das Selbstverständnis der Jurisprudenz: sie lernt, sich als Teildisziplin einer umfassenden Sozialwissenschaft zu begreifen[11].

II.

Anstatt diesen in kaum noch zulässiger Weise auf wenige Thesen vereinfachten Lagebericht zu vertiefen, will ich versuchen, die angedeuteten Entwicklungstendenzen an einem konkreten und einigermaßen aktuellen Beispiel nachzuweisen: an der neueren Rechtsprechung zum nichtrechtsfähigen Verein. Dazu möchte ich ausgehen von der sogenannten ÖTV-Entscheidung des BGH[12]. Die Gewerkschaft Öffentliche Dienste, Transport und Verkehr, ein nichtrechtsfähiger Verein, fühlte sich durch die aggressive Mitgliederwerbung der Gewerkschaft der Polizei (GdP) in unzulässiger Weise beeinträchtigt und klagte deshalb auf Unterlassung und Schadensersatz. Obwohl § 50 II ZPO den nichtrechtsfähigen Vereinen nur passive Parteifähigkeit zuerkennt, gab der BGH der Klage statt. Er verzichtete dabei ausdrücklich auf zwei Konstruktionen, die in der Literatur immer wieder empfohlen worden waren und deren sich die Instanzgerichte mehrfach bedient hatten. Die auf die treuhänderische Übertragung des Vereinsvermögens bzw. gewillkürte Pro-

---

[10] vgl. aber H. J. *Hirsch*, Richterrecht und Gesetzesrecht, JR 1966, 334 ff.

[11] Dazu *Rittner*, Die Rechtswissenschaft als Teil der Sozialwissenschaften, in: Zur Einheit der Rechts- und Staatswissenschaften (1967), S. 97 ff.; *Wiethölter*, Rechtswissenschaft (1968) S. 67.

[12] BGHZ 42, 210 ff.; Urt. des VI. ZS v. 6. Okt. 1964; vgl. auch BGH NJW 1965, 859; Urt. des IV. ZS v. 24. Feb. 1965.

zeßstandschaft[13] gestützte Klage des Vorstands[14] wurde abgewiesen, da sie auf nichtübertragbare Rechte der Gewerkschaft gerichtet war[15]. Als ein zu verfahrensrechtlichen Unklarheiten führender Umweg wurde es bezeichnet, wenn die Gesamtheit der Mitglieder unter dem Namen der Gewerkschaft als Kläger auftritt[16]: es fehle an der vom Prozeßrecht aus guten Gründen geforderte Individualisierung der Kläger[17]. Stattdessen gewährte der VI. Zivilsenat des BGH den Gewerkschaften ausdrücklich die aktive Parteifähigkeit für Zivilprozesse wegen rechtswidriger Beeinträchtigung ihrer Tätigkeit durch Privatpersonen und rivalisierende Organisationen[18]. Diese Einschränkung räumte der VII. Senat vier Jahre später aus, indem er einer auf eine Geldforderung gestützten Klage wiederum der ÖTV stattgab und dabei feststellte, die Gewerkschaften seinen nunmehr vor den ordentlichen Gerichten in vollem Umfang auch aktiv parteifähig[19]. Inzwischen hatte das Parteiengesetz den als nichtrechtsfähige Vereine organisierten politischen Parteien die uneingeschränkte Parteifähigkeit gebracht[20]. Alle anderen Vereine ohne Rechtsfähigkeit sind dagegen — soweit ersichtlich — auch weiterhin nicht in der Lage, als Kläger im Zivilprozeß aufzutreten. So hat kürzlich das OLG München dem Verband Deutscher Studentenschaften (VDS) die aktive Parteifähigkeit ver-

---

[13] Für diesen Weg OLG Frankfurt NJW 1952, 792 (mit ablehnender Anm. *Lent*); *Enneccerus-Nipperdey*, Allg. Teil des BGB, 1. Halbband (15. Aufl. 1959) S. 714 f.; *Habscheid* AcP 155 (1956), S. 413 f.

[14] Als Kläger waren aufgetreten: 1. die ÖTV als nichtrechtsfähiger Verein; 2. die Mitglieder der ÖTV in ihrer Gesamtheit (beide vertreten durch die Mitglieder des geschäftsführenden Hauptvorstandes); 3. die Mitglieder des Vorstandes persönlich zugunsten der ÖTV.

[15] a. a. O. S. 213 f. unter Berufung auf *Wapler*, NJW 1964, 439 f. Der BGH verneinte außerdem ein eigenes schutzwürdiges Interesse der Ermächtigten und hielt es für nicht zumutbar, daß sich der Prozeßgegener auf einen Rechtsstreit mit Personen einlassen muß, denen keine Vermögenswerte der Organisation übertragen worden sind.

[16] Für diese Lösung LG Essen NJW 1953, 1716; LG Bonn NJW 1957, 1883; LG Köln MDR 1962, 61; Heinr. *Stoll* in: Die RG-Praxis im deutschen Rechtsleben, Bd. II (1929) S. 49 ff., 76 f.; *Boehmer*, Grundlagen der bürgerlichen Rechtsordnung II/2 (1952), S. 184 ff.; *Habscheid* a. a. O. S. 415 f.

[17] a. a. O. S. 214 f.

[18] a. a. O. S. 215 ff. im Anschluß an LG Hamburg NJW 1959, 1927; *Fabricius*, Relativität der Rechtsfähigkeit (1963), S. 17 ff.; *Wapler* a. a. O.; RGRK (*Denecke*, 11. Aufl.) Anm. 13 zu § 54 BGB; *Stein-Jonas-Pohle*, ZPO (19. Aufl.), Anm. IV 6 zu § 1150.

[19] BGHZ 50, 325 ff.; Urt. des VII. ZS vom 11. Juli 1968.

[20] § 3 S. 1 ParteienG vom 24. 7. 1967 (BGBl. I, 773) i. d. F. vom 22. 7. 1969 (BGBl. I, 925); dazu *Roellecke* DRiZ 1968, 117 ff.

sagt, da ihm weder ein den Gewerkschaften „ähnlicher geschichtlicher Entwicklungsgang noch eine auch nur vergleichbare rechtlich geordnete Rechtsstellung zur Seite" stehe[21].

Den beiden Entscheidungen des BGH ist vorgeworfen worden, sie überschritten die Grenzen zulässiger Rechtsfortbildung[22]. Aber derartige Kritik ist die Ausnahme geblieben: im allgemeinen hat die Literatur die vom BGH vollzogene Regeländerung gebilligt[23]. Diese breite Zustimmung ist nicht erstaunlich, denn die Urteile fügen sich scheinbar nahtlos in eine über Jahrzehnte kontinuierlich weiterentwickelte und von der Rechtslehre immer wieder ermutigte Judiktatur. Das bedarf einer kurzen Erläuterung.

Bei der Ausarbeitung des BGB war das Vereinsrecht Gegenstand heftiger Kontroversen[24]. Zwar war man sich weithin einig, daß das System der Normativbedingungen dem System der freien Körperschaftsbildung vorzuziehen sei; schon aus Gründen der Rechtssicherheit sollte nicht jeder verbandsmäßige Zusammenschluß von der Rechtsordnung anerkannt und mit eigener Rechtspersönlichkeit ausgestattet werden. Stattdessen wurden den Vereinen bestimmte Mindestanforderungen im Hinblick auf ihre Organisation auferlegt, deren Einhaltung durch den Registerzwang gewährleistet werden sollte. Wenig problematisch war auch die Sonderregelung für die sog. wirtschaftlichen Vereine, die dem Konzessionssystem unterworfen

---

[21] Beschl. v. 9. 12. 1968, NJW 1969, 717 f. Kritisch dazu *Grunsky*, Grundlagen des Verfahrensrechts (1970), S. 216.

[22] *Grunsky* a. a. O., S. 215 f.; *Rosenberg-Schwab*, Zivilprozeßrecht, 10. Aufl. (1969), S. 184; H. J. *Hirsch*, a. a. O. (Anm. 15), S. 335 f.

[23] Vgl. etwa *Esser*, Wertung, Konstruktion und Argument im Zivilurteil (1965), 8 f.; *Larenz*, Allg. Teil (1967), 206 f.; ders. NJW 1965, 1 ff., 5 f.; *Flume*, 46 DJT (1966), Bd. II, K 21 u. 25 f.; *Ramm*, Einführung in das Privatrecht Bd. III, L 845 f.; *Fenn*, JuS 1965, 175 ff., 179 f.; *Bulla* DB 1965, 620 ff.; *Soergel-Siebert-Schulze* = v. *Lassaulx*, BGB, 10. Aufl., Anm. 54 zu § 54; *Scheffler* NJW 65, 849, 852; *Ossenbühl* NJW 65, 1561; *Hauss* in Anm. zu BGH LM Nr. 16 zu § 50 ZPO; *Schneider* in Anm. zu BGH LM Nr. 20 a. a. O.; *Bruns*, Zivilprozeßrecht (1968), 62; *Bernhardt*, Zivilprozeßrecht (3. Aufl. 1968), 118 f.; *Fabricius* SAE 1969, 107 ff.; *Lehmann-Dietz*, Gesellschaftsrecht (1970), S. 271; *Buchner*, Die Bedeutung des Rechts am eingerichteten und ausgeübten Gewerbebetrieb für den deliktischen Unternehmensschutz (1971), S. 10 ff., 54. Zurückhaltend *Mayer-Maly*, Über die Rechts stellung der Gewerkschaften, in: Deutsche Landesref. zum VII. Internat. Kongreß für Rechtsvergleichung in Uppsala 1966, Sonderveröff. von RabelsZ (1967), 369 ff., 376 f.

[24] zum Folgenden Motive I, 78 ff.; Prot. I, 476 ff.; *Mugdan*, Gesamte Materialien I, 640 ff. u. 982 ff.; *Stoll* 50 ff.

und damit von der Erteilung einer behördlichen Genehmigung abhängig wurden; hier ging und geht es nur darum, zu verhindern, daß das weithin dispositive Vereinsrecht zur Umgehung der strikten handelsrechtlichen Vorschriften über die Kapitalgesellschaften mißbraucht werden kann.

Streitig waren vor allem die Schärfe der Sanktion gegenüber den körperschaftlich verfaßten privaten Organisationen, die sich der Registrierung entzogen, und die Behandlung der sogenannten sozialpolitischen und religiösen Vereine — also der Gewerkschaften und Sekten. In beiden Punkten gelang es der preußischen Ministerialbürokratie, ihre auf intensive Kontrolle und Reglementierung gesellschaftlicher Abläufe gerichtete Politik gegen die wesentlich liberaleren Auffassungen der anderen Mitglieder der Kommissionen und der Reichstagsmehrheit zunächst durchzusetzen. Daraus resultierte einmal die Regelung des § 54 BGB, der die nichtrechtsfähigen Vereine unmittelbar[25] dem Gesellschaftsrecht der §§ 705 ff. unterstellte und ihnen damit die aktive Parteifähigkeit vorenthielt. Dabei wurde nicht verkannt, wie wenig diese Bestimmungen — etwa die persönliche Haftung der Mitglieder oder die Erschwerung des Mitgliederwechsels — mit den Bedürfnissen körperschaftlicher Organisationsstrukturen harmonierten; gerade deshalb hoffte man, die Vereine würden sich der Registrierung und den an sie geknüpften Bedingungen unterwerfen. Aber zugleich machte § 61 II[26] die Eintragung der sozialpolitischen und religiösen Vereine von einer vorgängigen Erlaubnis der Verwaltungsbehörde abhängig, die der staatlichen Bürokratie — zusammen mit anderen Vorschriften[27] — die Überwachung und Kontrolle der Gewerkschaftsbewegung ermöglichen sollte. Heinrich Stoll hat dieses Ergebnis zutreffend als „verschleiertes Konzessionssystem" bezeichnet[28]; und Gustav Boehmer mit nicht geringerem Recht vom „Geist einer überheblichen Polizeistaatlichkeit" gesprochen, der sich in diesen Vorschriften manifestiere[29].

---

[25] Selbst der vermittelnde Vorschlag, nur eine „entsprechende" Anwendung des Gesellschaftsrechts anzuordnen, wurde verworfen (*Mugdan* I, 642).

[26] in seiner ursprünglichen Fassung, die bereits durch Art. 124 II 2 der Weimarer Reichsverfassung geändert wurde.

[27] Wichtig war vor allem die in den §§ 72 u. 79 statuierte Pflicht, eine komplette Mitgliederliste einzureichen. Sie wurde bereits durch § 22 VereinsG von 1908 aufgehoben.

[28] a. a. O. S. 51 u. S. 61.

[29] a. a. O. S. 171.

Der autoritäre Sieg erwies sich freilich als von kurzer Dauer. Denn die Gewerkschaften waren nicht bereit, sich den Risiken des staatlichen Genehmigungsverfahrens auszusetzen, lieber nahmen sie die lästigen Konsequenzen des § 54 in Kauf. Dort aber kamen ihnen alsbald Rechtsprechung und Rechtslehre zu Hilfe: die Verweisung auf das Gesellschaftsrecht wurde immer weiter eingeschränkt und der nichtrechtsfähige Verein dadurch immer mehr wie ein rechtsfähiger behandelt. Der Einbruch erfolgte zunächst über den nachgiebigen Charakter zahlreicher gesellschaftsrechtlicher Bestimmungen, wobei man — hier wie sonst — davon ausging, daß nicht nur einzelne Vorschriften, sondern der sich aus ihrer Summe ergebende Typus selber zur Disposition der satzungsgebenden Instanz stehe. Da die Satzungen aber derartige Korrekturen nur in Ausnahmefällen ausdrücklich statuierten, ging man rasch dazu über, sie mittels konkludenter oder stillschweigender Willenserklärungen zu fingieren[30]. Damit gilt für das innere Gefüge des nichtrechtsfähigen Vereins grundsätzlich das Vereinsrecht der §§ 21 ff. BGB: Mitglieder können ein- und austreten, in der Mitgliederversammlung herrscht das Mehrheitsprinzip, der „Anteil" des Einzelmitgliedes kann weder übertragen noch gepfändet werden[31]. Aber auch die Außenbeziehungen wurden modifiziert: der Name des nichtrechtsfähigen Vereins ist gemäß § 12 BGB geschützt[32], und seine Mitglieder brauchen für seine Verbindlichkeiten nicht mit ihrem Privatvermögen einzustehen[33].

Derartig eindeutige und weitreichende Modifikationen eines kürzlich erst geschaffenen Gesetzbuches mußten einer Jurisprudenz fragwürdig erscheinen, deren Selbstverständnis nicht zuletzt durch eben diese Kodifikation bestimmt wurde. Wir finden deshalb in den Gerichtsentscheidungen und in der Literatur eine Reihe beschönigender Formeln wie die von der „Natur der Sache", die sich hier quasi selbsttätig durchgesetzt habe[34]. Solche Wendungen können und dürfen nicht den eigentlichen Vorgang verschleiern: aus politischen Gründen haben Rechtsprechung und Lehre einer eindeutigen gesetzlichen Entscheidung für eine repressive Politik gegenüber den Gewerkschaften den Gehorsam

[30] *Boehmer* S. 173; *Fabricius* S. 191; *Habscheid* S. 391 ff.
[31] *Fabricius* a. a. O. m. w. Nachw.
[32] RGZ 78, 101 ff., 102 f.
[33] *Boehmer* S. 177 ff.; *Habscheid* S. 407; *Fabricius* S. 192 f. m. w. Nachw.
[34] BGHZ 42, 216; *Stoll* S. 49 f.; *Larenz* NJW 1965, 6.

verweigert. Darüber hinwegzusehen fiel freilich umso leichter, als die Legislative wenig später begann, ihre Einstellung gegenüber Verbänden im allgemeinen und den Gewerkschaften im besonderen zu revidieren. Schon das Vereinsgesetz von 1908 läßt sich in diesem Sinne deuten[35]. Die Weimarer Verfassung beseitigte durch ausdrückliche Bestimmung in Art. 124 II den odiosen Genehmigungsvorbehalt des § 61 II BGB. In Art. 124 I, 159 und 165 — den Vorgängern von Art. 9 I und III GG — gewährleistete sie die Vereinigungs- und Koalitionsfreiheit. Auf der Basis der verfassungsmäßigen Anerkennung begann dann ein durch das nationalsozialistische Regime zwar unterbrochener, aber bis heute nicht abgeschlossener Prozeß, in dessen Verlauf den Gewerkschaften immer weitere sogenannte „öffentliche Funktionen"[36] zugewiesen worden sind: es sei für den Augenblick nur an die durch das Tarifvertragsgesetz[37] eingeräumte Normsetzungsbefugnis, an Betriebsverfassung[38] und Mitbestimmung[39], an die „soziale Selbstverwaltung"[40] und an die Mitwirkung in der Arbeitsgerichtsbarkeit[41] erinnert. Schließlich änderte sich die verfahrensrechtliche Position der Gewerkschaften außerhalb der Justiz[42]: nicht nur vor den Arbeits-[43] und Sozialgerichten[44], sondern auch im verwaltungs-[45] und im finanzgerichtlichen[46] Prozeß hat ihnen das Gesetz längst volle Parteifähigkeit zuerkannt; und das Bundesverfassungsgericht hat für sein eigenes Verfahren ebenso entschieden[47]. Eine jede dieser Entwicklungslinien erscheint für sich allein schon ausreichend, um die beiden Urteile des BGH zu rechtfertigen; alle zusammen legen es nahe, von einem Schulbeispiel richterlicher Rechtsfortbildung zu sprechen.

---

[35] dazu *Brisch,* Die Rechtstellung der deutschen Gewerkschaften (1951) S. 31.

[36] BGHZ 42, 217; eingehend J. *Hirsch,* Die öffentlichen Funktionen der Gewerkschaften (1966).

[37] §§ 1, 2, 4 TVG.

[38] §§ 9 II, 15 II, 16, 17, 23 BetrVG.

[39] §§ 76, 77 BetrVG; §§ 3, 4, 6, 8 MitbestG.

[40] dazu J. *Hirsch* S. 48 ff., 179 f.

[41] §§ 2 und 14—18 ArbGG.

[42] vgl. aber § 98 II Nr. 7 AktG, der ihnen — im Zusammenhang mit der Mitbestimmung — ein Antragerecht beim ordentlichen Gericht einräumt.

[43] § 10 S. 1 ArbGG.

[44] § 70 Nr. 2 SGG.

[45] 61 Nr. 2 VwGO.

[46] § 58 II FGO.

[47] BVerfGE 17, 319, 329.

III.

Die bereits erwähnte Kritik an den Entscheidungen bestreitet denn auch nicht, daß es nur erwünscht sein kann, wenn eine Gewerkschaft mit Hunderttausenden oder gar Millionen von Mitgliedern[48] in die Lage versetzt wird, auch vor den Zivilgerichten als Klägerin aufzutreten. Es wird nur eingewendet, daß es dazu einer Rechtsänderung durch Richterspruch nicht bedürfe, da es den Gewerkschaften heute — anders als früher — zuzumuten sei, Rechts- und Parteifähigkeit durch die Eintragung in das Vereinsregister zu erlangen[49]. Dafür lassen sich gute Gründe anführen:

1. Alle auf Repression der Gewerkschaften gerichteten Vorschriften des bürgerlichen Vereinsrechts sind längst aufgehoben oder entscheidend verändert worden. Das Konzessionserfordernis des § 61 II a. F. hat — wie erwähnt — die Weimarer Reichsverfassung beseitigt. Die zwar für alle Vereine vorgesehenen, aber für die Gewerkschaften besonders bedenkliche Regelung des § 72 a. F., die die Pflicht zur Einreichung eines Mitgliederverzeichnisses statuierte, hat bereits das Vereinsgesetz von 1908 modifiziert; seither ist dem Amtsgericht nur noch auf Verlangen die Zahl der Mitglieder mitzuteilen. Was daran für die Gewerkschaften gefährlich sein soll[50], vermag ich nicht zu sehen. Die Verbotstatbestände des Vereinsgesetzes von 1964 treffen rechtsfähige und nichtrechtsfähige Vereine in gleicher Weise; und auch bei der sich anschließenden Liquidation besteht längst kein Grund mehr, nach der Rechtsform zu differenzieren[51].

2. Die Option der Gewerkschaften gegen die Registrierung und für den nichtrechtsfähigen Verein wurde freilich nicht nur durch die Furcht vor staatlicher Bevormundung motiviert; nicht minder wichtig waren Fragen der deliktischen Haftung[52]. § 31

---

[48] Der Mitgliederbestand der ÖTV wird von BGHZ 42, 212 mit rund 950 000 Personen beziffert. Der der IG Metall liegt weit über 2 Millionen.

[49] s. außer den in Anm. 22 Angegebenen auch *Fenn* a. a. O. S. 181.

[50] so *Brisch* S. 37 ohne Angabe von Gründen.

[51] So zutreffend *Fabricius* S. 191. *Brisch* weist zwar (S. 36 f.) auf das Sperrjahr des § 51 BGB hin; aber es ist kein Grund ersichtlich, warum nicht auch diese Bestimmung auf einen nichtrechtsfähigen Verein angewendet werden soll.

[52] *Brisch* hält dieses Moment (S. 37 ff.) sogar für ausschlaggebend; ähnlich *Stoll*, S. 63 f.

BGB macht den rechtsfähigen Verein für jeden Schaden verantwortlich, den ein Vorstandsmitglied oder ein anderer verfassungsmäßig berufener Vertreter in Ausübung der ihm übertragenen Aufgaben durch eine zum Schadensersatz verpflichtende Handlung einem Dritten zufügt. Das Reichsgericht hat diese Vorschrift analog auf OHG und KG[53] aber nicht auf die BGB-Gesellschaft angewandt und — in strikter Befolgung des § 54 BGB — auch den nichtrechtsfähigen Verein ausgenommen. Das ist zunehmend kritisiert worden[55]; und die neuere Rechtsprechung hat sich von dieser Kritik überzeugen lassen[56]. Heute ist deshalb davon auszugehen, daß § 31 auch auf den nichtrechtsfähigen Verein anzuwenden ist[57].

3. Der BGH ist auf die Alternative einer Registrierung der ÖTV nur in dem nicht weiter begründeten Satz eingegangen, das bürgerliche Vereinsrecht werde den besonderen Organisationsproblemen der Gewerkschaften nicht gerecht[58]. Damit dürfte das immer wieder vorgebrachte Argument gemeint sein, die die Mitgliederversammlung regelnden §§ 32 ff. BGB ließen die bei großen Mitgliederzahl unerläßliche organisatorische Aufgliederung in Zweig- und Ortsvereine nicht zu[59]. Das ist nicht stichhaltig[60], denn diese Vorschriften sind zumindest insoweit dispositiv, als sie gestatten, daß bei Großvereinen eine Vertre-

---

53 RGZ 46, 20; 76, 48; 109, 276.

54 RGZ 91, 74; 135, 244; 143, 214. Stattdessen wurde § 831 angewandt; strenge Anforderungen an den Exkulpationsbeweis verringerten die praktische Bedeutung der Frage (vgl. *Stoll* 64 ff.; *Boehmer* 182 ff.).

55 *Stoll u. Boehmer* a. a. O., *Schumann*, Zur Haftung des nichtrechtsfähigen Vereins (1956); *Habscheid* 409 f.; *Fabricius* 193 f.

56 Vgl. etwa LAG Frankfurt BB 1950, 702. Höchstrichterliche Entscheidungen liegen freilich noch nicht vor. In BGHZ 45, 311 ff. wurde aber die Anwendung des § 31 auf eine BGB-Gesellschaft nur noch mit der Begründung verneint, sie sei „zu wenig körperschaftlich organisiert, als daß man die für sie handelnden Gesellschafter als ihre ‚Organe' bezeichnen könnte" (S. 312). Und BGHZ 50, 329 bedient sich der herrschenden Lehre als eines Argumentes für die aktive Parteifähigkeit.

57 So jetzt auch *Enneccerus-Nipperdey* S. 709 m. w. Nachw. *Brisch* hat freilich (S. 9 f.) zu Recht darauf hingewiesen, daß dieses Ergebnis die Gewerkschaften gegenüber den Arbeitgeberverbänden benachteiligen kann. Denn diese haben finanzstarke Mitglieder und ein kleines Vereinsvermögen, während die Gewerkschaften im Verhältnis zur wirtschaftlichen Lage ihrer Mitglieder über beträchtliche Vermögensmittel verfügen.

58 BGHZ 42, 212.

59 *Brisch* S. 37, *Nikisch*, Arbeitsrecht Bd. II (2. Aufl. 1959) S. 16.

60 so auch *Fabricius* SAE 1969, 107 ff. und *Fenn* S. 181

ter- oder Delegiertenversammlung an die Stelle der Mitgliederversammlung tritt[61].

4. Dann bleibt nur ein Argument: den Gewerkschaften soll der Canossa-Gang zum Vereinsregister erspart bleiben[62]. Das sprengt den Rahmen herkömmlicher Dogmatik; die Entscheidung wird zur Geste, die freilich glaubwürdig erscheint; sie ist die Verbeugung vor den Unterdrückten von einst und nicht der Kotau vor den Mächtigen von heute. Es bleibt nur die Frage, ob das Problem damit wirklich erschöpft ist.

IV.

Ich will versuchen, sie zu beantworten, indem ich eine sehr viel weitergehende Frage aufwerfe: welche Ansprüche haben wir an die rechtliche Ordnung von Verbänden? Daß hier die Erörterung bei der Rolle ansetzen muß, die sie im Zusammenhang der vom GG institutionalisierten politischen Prozesse spielen, ist evident: Funktion und Verfassung der Verbände stehen in engem und prinzipiell unaufhebbarem Zusammenhang. Für die politischen Parteien ist das in Art. 21 GG ausdrücklich anerkannt; wir finden in Abs. I die beiden Grundsätze, denen ihr Organisationsgefüge zu entsprechen hat: sie müssen im Inneren demokratisch aufgebaut und nach außen — das ergibt sich aus dem Postulat öffentlicher Rechenschaft über die Herkunft ihrer Mittel — transparent sein.

Nun wäre es sicher verfehlt, diese Grundsätze des Art. 21 quasi automatisch auf alle oder auch nur auf die politisch besonders wichtigen Verbände zu übertragen. Aber wenn man die spezifische Aufgabe der Parteien in der unmittelbar auf die staatliche Tätigkeit bezogenen politischen Meinungs- und Willensbildung sieht, dann wird man sich der Einsicht nicht verschließen können, daß eben diese Funktion in wachsendem Um-

---

[61] Das wird soweit ersichtlich nicht mehr bestritten. Vgl. etwa KG HRR 1929 Nr. 2071; *Staudinger-Coing* (11. Aufl. 1957) Randanm. 5 zu § 32 und Randanm. 3 a zu § 27; *Soergel-Schultze-v. Lassaulx* Randanm. 3 zu § 32; *Enneccerus-Nipperdey* S. 665; *Reichert-Dannecker-Kühr,* Handbuch des Vereins- und Verbandsrechts (1970), 104.

[62] Vgl. *Fabricius* und *Fenn* a. a. O. (der freilich die fragwürdige Behauptung hinzufügt, ein mittelbarer Zwang zur Registrierung sei unter rechtsstaatlichen Gesichtspunkten bedenklich).

fang auch von anderen Verbänden wahrgenommen wird[63]. Es ist deshalb nicht erstaunlich, daß im verfassungsrechtlichen Schrifttum für derartige Verbände immer häufiger Publizität[64] und demokratischer Aufbau[65] verlangt wird. Dabei sind beide Forderungen für die Gewerkschaften zumindest insoweit problematisch, als sie „Kampforganisationen" (Kahn-Freund)[66] sind. Denn das Ergebnis des öffentlich auszutragenden Lohnkonfliktes hängt gerade davon ab, daß sie nicht an ausdiskutierte und der Gegenseite längst bekannte Weisungen gebunden sind, sondern über einen Spielraum verfügen, den sie zudem nach den Erfordernissen der jeweiligen Situation definieren können: Nichtöffentlichkeit der Verhandlungsstrategie und Entdemokratisierung der innerverbandlichen Struktur sind als wesentliche Voraussetzungen des Erfolges bezeichnet worden[67]. Zugleich muß die Basis wirksam integriert werden, denn Passivität im Konfliktfall und spontane Einzelaktionen (z. B. wilde Streiks) schwächen die eigene Position. Das ist kein Gegensatz, wenn sich Konsens auch von oben nach unten herstellen läßt. Aber die Bedeutung dieses Aspektes tritt in dem Maße zurück, in dem den Gewerkschaften „Öffentliche Funktionen" übertragen sind. Das ist für den Bereich der Tarifautonomie unstreitig: da der Tarifvertrag Normsetzung bedeutet, bedarf er einer Legitimation, die nur dadurch gewährleistet werden kann, daß die Tariffähigkeit von der inneren Demokratisierung der Koalition abhängig gemacht wird[68]. Aber die institutionelle Teilhabe

[63] Dazu eingehend *Ridder,* Zur verfassungsrechtlichen Stellung der Gewerkschaften im Sozialstaat nach dem Grundgesetz für die BRD (1960).

[64] s. insbes. *Hesse,* Grundzüge des Verfassungsrechts der BRD (4. Aufl. 1970) S. 61 f.

[65] *Ridder* a. a. O. insbes. S. 20 ff.; *Stein,* Lehrbuch des Staatsrechts (2. Aufl. 1971) S. 153 f.; *Maunz-Dürig-Herzog,* Kommentar zum GG, Randanm. 56 zu Art. 9.

[66] Rechtliche Garantien der innergewerkschaftlichen Demokratie, Festschr. f. *Fraenkel* (1963) S. 335 f., 337.

[67] *Offe,* Politische Herrschaft und Klassenstrukturen — Zur Analyse spätkapitalistischer Gesellschaftssysteme, in: Politikwissenschaft — Eine Einführung in ihre Probleme, hrsg. von G. *Kress* und D. *Senghaas* (1969), S. 155 ff., 170 f., vgl. auch *Kahn-Freund* a. a. O.

[68] *Ramm,* Die Freiheit der Willensbildung (1959), S. 117 ff.; *Ridder* a. a. O.; *Biedenkopf,* Grenzen der Tarifautonomie (1964) S. 53 ff.; *Hueck-Nipperdey,* Lehrbuch des Arbeitsrechts Bd. II/1 (7. Aufl., 1967) S. 101 f.; Bonner Kommentar (*v. Münch*) Randz. 149 zu Art. 9 GG; *Scheuner,* Der Inhalt der Koalitionsfreiheit, in: *Weber-Scheuner-Dietz,* Koalitionsfreiheit (1961) S. 27 ff., 68; *Gitter* JZ 1965, 197 ff., 199; *Säcker,* Grundprobleme der kollektiven Koalitionsfreiheit (1969) S. 62.

der Gewerkschaften an politisch relevanten Entscheidungsprozessen geht weit über die Regelung von Lohn- und Arbeitsbedingungen hinaus[69]. Die paritätische Selbstverwaltung in der Sozialversicherung, die bis in die Revisionsinstanz reichende Beteiligung an der Arbeitsgerichtsbarkeit und die ständig an Bedeutung gewinnenden Komplexe der wirtschaftlichen Mitbestimmung und der Betriebsverfassung habe ich schon erwähnt[70]. Als weitere Beispiele seien angefügt: die Mitwirkung bei der Allgemeinverbindlicherklärung von Tarifverträgen[71], in den Versorgungsanstalten der öffentlichen Hand, in der Bundesanstalt für Arbeit und in den Verwaltungsräten von Bundesbahn und Bundespost[72], die Personalvertretung im öffentlichen Dienst[73], die Mitgliedschaft in einer kaum übersehbaren Zahl von ministeriellen Beiräten des Bundes und der Länder[74] und schließlich — aber die Liste ist damit noch nicht erschöpft — die Entsendung von Vertretern in die Rundfunkräte der Rundfunkanstalten und in die Aufsichtsgremien der Max-Planck-Gesellschaft und der Stiftung Volkswagenwerk[75]. Diese weitreichende Integration der Gewerkschaften in die Apparaturen der politischen und ökonomischen Administration macht sie unmittelbar zu Trägern einer Herrschaft, die sich von Verfassungs wegen durch Publizität und demokratische Organisation zu legimitieren hat.

Hier eröffnet sich freilich ein weiteres Problem. Die Gewerkschaften können für sich in Anspruch nehmen, daß sie — mehr als jede andere Massenorganisation — demokratisch verfaßt sind: Der mit gewählten Delegierten beschickte Gewerkschaftskongreß ist ihr oberstes Organ. Dem steht gegenüber die Beobachtung, daß diese Partizipationsrechte von einer weithin apathischen Mitgliedschaft nur wenig genutzt werden; im selben Maße verfestigt sich der Einfluß einer zusehends bürokratisier-

[69] Dazu umfassend J. *Hirsch* a. a. O. (Anm. 36).

[70] vgl. oben zu Anm. 36—41.

[71] J. *Hirsch* S. 44 ff. u. 159.

[72] a. a. O. S. 167 f.

[73] a. a. O. S. 174 f.

[74] a. a. O. S. 71 ff. u. 160 ff.

[75] a. a. O. S. 185 f. Der SHB hat anläßlich der von ihm veranstalteten „Mitbestimmungswoche" vom 25. 1.—4. 2. 1971 die „Beteiligung der Gewerkschaften an den Universitätsgremien" postuliert.

ten Funktionärsschicht[76]. Robert Michels hat deshalb schon in den zwanziger Jahren vom „ehernen Gesetz der Oligarchie" gesprochen, das das moderne Partei- und Verbandswesen beherrsche[77]. Dieser Fatalismus kann als durch neuere sozialwissenschaftliche Untersuchungen widerlegt gelten, denen zufolge Demokratie zwar nicht in irgendeinem Sinne perfekt machbar ist, aber die realen Beteiligungschancen in Organisationen von einer Vielzahl von Faktoren abhängig sind, die zumindest teilweise auch von außen beeinflußt werden können[78]. Für die Transparenz verbandsinterner Vorgänge dürfte ähnliches gelten.

Dann ergeben sich Ansätze zur Kritik beider Entscheidungen des BGH:

1. Wenn die Gewerkschaften angesichts der Fülle der ihnen übertragenen öffentlichen Aufgaben dem Gebot der Publizität unterliegen, dann ist nicht einzusehen, warum es ihnen ermöglicht werden soll, sich einer öffentlichen Registrierung im Vereinsregister zu entziehen, auch wenn diese Eintragung nur ein Minimum an Publizität bewirkt[79]. In der Literatur findet sich mehrfach der Hinweis, die Option der Gewerkschaften für den nichtrechtsfähigen Verein habe auch darin ihren Grund, daß sie sich der in § 79 BGB angeordneten Öffentlichkeit des Vereinsregisters nicht aussetzen wollen[80]. Ein derartiges Motiv darf heute von Rechtswegen nicht mehr anerkannt und berücksichtigt werden. Dagegen kann nicht eingewandt werden, das Vereinsregister diene ja nur dem Schutz des rechtsgeschäftlichen Verkehrs, d. h. privaten Gläubigerinteressen. Denn das Publizitätsgesetz[81] zeigt, wie ursprünglich im Privatinteresse geschaffene Offenlegungspflichten Informationsbedürfnissen der Allgemeinheit dienstbar gemacht werden können. Ebensowenig

---

[76] Aus der umfangreichen Literatur sei hier nur verwiesen auf J. *Hirsch* a. a. O. S. 136 ff.; *Schellhoss*, Apathie und Legitimität — Das Problem der neuen Gewerkschaften (1967) S. 15 ff.; *Grebing*, Geschichte der deutschen Arbeiterbewegung (1970) S. 266; *v. Beyme*, Interessengruppen in der Demokratie (1969) S. 187 ff.; *Buchholz*, Die Wirtschaftsverbände in der Wirtschaftsdemokratie (1969) S. 113 ff.; alle m. w. Nachw.

[77] Zur Soziologie des Parteiwesens in der modernen Demokratie (2. Aufl. 1925, Neudruck 1957).

[78] Dazu vor allem *Naschold*, Organisation und Demokratie (1969).

[79] Sie informiert immerhin über Vorstandswechsel und Satzungsänderungen, § 64 BGB.

[80] *Nikisch* S. 16; *Brisch* S. 36.

[81] Gesetz über die Rechnungslegung von bestimmten Unternehmen und Konzernen vom 15. 8. 1969, BGBl. I., 1189.

verfängt, daß das Parteiengesetz[82] nach eingehender Kommissionsberatung[83] von jedem Registrierzwang abgesehen hat: Parteien sind in ganz anderer Weise zum Handeln im Rampenlicht der Öffentlichkeit gezwungen, und der Zugang zu ihnen steht grundsätzlich jedermann frei[84].

2. Eine Registrierung der Gewerkschaften wäre aber auch deshalb vorzuziehen, weil sie ihnen nicht nur die volle Parteifähigkeit, sondern darüberhinaus die volle Rechtsfähigkeit einräumen würde: sie könnten dann nach außen wie nach innen als Eigentümer des Gewerkschaftsvermögens auftreten. Denn Rechtsprechung[85] und Lehre[86] halten daran fest, daß der nichtrechtsfähige Verein nicht unter seinem Namen ins Grundbuch eingetragen werden kann. Hier bieten sich zwei Auswege an: die Grundstücke werden entweder zu treuen Händen auf den Vorstand oder aber auf eine zu diesem Zweck geschaffene Kapitalgesellschaft übertragen, deren Anteile Gegenstand des Vereinsvermögens sein können. In der Praxis werden meist beide Möglichkeiten kombiniert: Liegenschaften und Beteiligungen werden auf eine Vermögensverwaltungs- und Treuhandgesellschaft übertragen, als deren treuhänderische Anteilseigner mehrere Vorstandsmitglieder fungieren[87]. Es läßt sich zumindest vermuten, daß derartige Konstruktionen die Oligarchisierung fördern: die juristische Kompliziertheit bewirkt Intransparenz; und die innerorganisatorische Hierarchie wird in mehrfacher Hinsicht stabilisiert. Denn die faktisch kaum kontrollierte Verfügung über beträchtliche Vermögenswerte verschafft Gratifikationsmöglichkeiten, die zur Erzeugung und Erhaltung von Loyalität eingesetzt werden können. Und im Falle des innerorganisatorischen Konflikts ist es immerhin vorstellbar — wenn auch im Augenblick wenig wahrscheinlich —, daß es dem nur von einer Minderheit unterstützten Vorstand gelingt, der opponierenden Mehrheit das vorhandene Vermögen für längere Zeit vorzu-

---

[82] vgl. o. Anm. 20.

[83] Rechtliche Ordnung des Parteiwesens, Bericht der vom Bundesminister des Innern eingesetzen Parteienrechtskommission (1957) S. 140 ff.

[84] Dazu im einzelnen F. *Knöpfle*, Der Staat 1970, 321 ff.

[85] RGZ 127, 309 ff.

[86] *Enneccerus-Nipperdey* S. 703 f. Anm. 48 m. w. Nachw.; abw. *Stoll* S. 77; *Boehmer* S. 175 f.

[87] *Hirche*, Die Wirtschaftsunternehmen der Gewerkschaften (1966) S. 330 ff.

enthalten oder sogar auf Dauer zu entziehen[88]. Die unmittelbare Zuordnung der vorhandenen Liegenschaften und Beteiligungen zum Vereinsvermögen könnte derartige Risiken zumindest verringern; aber dazu müßte die Gewerkschaft rechtsfähig sein.

3. Die beiden Entscheidungen des BGH gewähren den Gewerkschaften faktisch das System der freien Körperschaftsbildung[89]. Das ist als rechtspolitisch erwünscht[90] und sogar als verfassungsrechtlich geboten[91] bezeichnet worden. Selbst wenn das für den nichtrechtsfähigen Verein im allgemeinen zuträfe, wäre es für die Gewerkschaften mehr als fragwürdig, denn es bedeutet den Verzicht auf normative Ansprüche an die Verbandsverfassung. Gerade die Verbände, die als Träger öffentlicher Funktionen vielfältig in den Staatsapparat integriert sind, bedürfen einer Organisationsstruktur, deren Harmonie mit den Verfassungsprinzipien eines demokratischen Gemeinwesens nicht dem Zufall oder vermeintlicher Privatautonomie überlassen bleibt, sondern durch die Rechtsordnung gewährleistet wird. Der status quo ist wenig befriedigend, denn in der BRD gibt es — anders als etwa in den USA und in Großbritannien[92] — keine darauf gerichteten Vorschriften. Es ist deshalb nicht erstaunlich, daß die alte Forderung nach einem Berufsverbands- oder Koalitionsgesetz[93] in letzter Zeit verstärkte Resonanz erfahren hat[94]. Und es ist kein Geheimnis, daß die — kraft der Zahl ihrer Mitglieder im Bundestag legislatorisch einflußreichen — Gewerkschaften derartigen Vorschlägen nach wie vor ablehnend gegenüberstehen[95]. Dann aber drängt sich die Frage

---

[88] Über derartige Beispiele berichtet *Brisch* S. 44.

[89] *Enneccerus-Nipperdey* bestreiten (S. 696), daß die Gleichstellung des nichtrechtsfähigen mit dem rechtsfähigen Verein zum System der freien Körperschaftsbildung führe. Als Begründung wird (in Anm. 15) nur angegeben, beim nichtrechtsfähigen Verein stünden die Rechte begrifflich immer der Gesamtheit der Mitglieder zu. Als ob es nicht auch (oder besser: gerade) für die Privatrechtsdogmatik auf die Wirklichkeit ankommt, die sich u. U. hinter tradierten Begriffen abspielt.

[90] *Boehmer* S. 186.

[91] *Ramm*, Einführung in das Privatrecht Bd. III (1970) G 720 f.

[92] Rechtsvergleichende Information bei *Kahn-Freund* a. a. O. und bei *Villiger*, Aufbau und Verfassung der britischen und amerikanischen Gewerkschaften (1966). Vgl. auch *Cox*, 72 Harv. L. Rev. (1959) S. 609 ff.; *Summers*, 70 Yale L. J. (1960) S. 175 ff.; ders. 25 Modern L. Rev. (1962) S. 275 ff.

[93] Dazu vor allem *Brisch* S. 42 ff.

[94] *Nikisch* S. 17; *Säcker* a. a. O. S. 88 f.; neuerdings eingehend *Galperin*, Die Stellung der Gewerkschaften im Staatsgefüge (o. J.), insbes. S. 38 ff.

[95] Vgl. *Nikisch* a. a. O. und *Galperin* a. a. O.

auf, ob es weise ist, wenn einschlägige rechtspolitische Forderungen durch die Judikatur vorab befriedigt werden, oder ob es nicht besser gewesen wäre, wenn der BGH stattdessen auf die Möglichkeiten und Bedürfnisse einer legislatorischen Bereinigung verwiesen hätte. Das Bundesverfassungsgericht hat mehrfach demonstriert, daß judizieller Rechtspolitik nicht nur die unmittelbare Gestaltung, sondern — nach Lage des Falles — auch der Druck auf das ordentliche Gesetzgebungsverfahren zu Gebote steht[96]. Die Parteienfinanzierung war der Hebel, dem wir das Parteiengesetz verdanken[97].

V.

Somit ist festzustellen, daß die beiden Urteile des BGH, durch die den Gewerkschaften die aktive Parteifähigkeit im Zivilprozeß eingeräumt worden ist, wenn nicht falsch, so doch fragwürdig sind. Zur Urteilsschelte ist freilich kein Anlaß: die Richter des VI. und VII. Senats sind einen weiteren Schritt in eine Richtung gegangen, die ihnen die Rechtslehre seit Jahrzehnten als die einzig richtige angibt; zahlreichen Empfehlungen der konkreten Maßnahme stand keine einzige begründete Warnung gegenüber. Dann ist Kritik nur möglich als Selbstkritik einer Privatrechtswissenschaft, die sich durch eine — glanzvolle — Tradition den Blick auf ihre aktuellen Aufgaben versperren läßt. Abschließend ist zu fragen, ob der Beispielsfall nicht den eingangs angedeuteten Befund bestätigt:

ist es nicht die strikte Trennung von privatem und öffentlichem Vereinsrecht, die den dogmatischen Zusammenhang zwischen Rechtsfähigkeit und Verbandsverfassung gar nicht erst bewußt werden läßt?

ist es nicht überholtes Kodifikationsdenken, das von der aus der Natur der Sache legitimierten richterlichen Korrektur eines gesetzgeberischen Fehlgriffs redet und weder die Rolle noch die Möglichkeiten eines entwickelten case law zu erfassen vermag?

ist es nicht die Folge derartiger Verkürzungen der Perspektive, daß die Jurisprudenz auf weitreichende soziale Verände-

---

[96] Eingehend *Rupp- von Brünneck*, Darf das Bundesverfassungsgericht an den Gesetzgeber appellieren? in: Festschr. f. Gebh. *Müller* (1970) S. 355 ff.

[97] Dazu *Leibholz*, Zum Parteiengesetz von 1967, in: Festschr. f. *Arndt* (1969) S. 178 ff., 181.

rungen zwar mit diffusem Unbehagen, aber nicht mit sozialwissenschaftlich fundierten Regelungsvorschlägen reagiert? mit anderen Worten: daß wir auf die Frage, wie denn ein solches Berufsverbands- oder Koalitionsgesetz aussehen müßte, derzeit keine hinlänglich begründeten Antworten parat haben?

FSC
www.fsc.org
MIX
Papier | Fördert gute Waldnutzung
FSC® C083411

Kolibri 360 GmbH
Ferdinand-Jühlke-Straße 7
99095 Erfurt, Deutschland
produktsicherheit@kolibri360.de